Serie Bestsellers bolsillo

CÓMO TRABAJAR CON LOS ÁNGELES

Elizabeth Clare Prophet

Porcia Ediciones
Barcelona Miami

Título original:
HOW TO WORK WITH ANGELS
by Elizabeth Clare Prophet

63 Summit Way, Gardiner, Montana 59030, U.S.A. (Tel: 406-848-9500 - Fax: 406-848-9555 Email: info@SummitUniversityPress.com - Web site: http://www.SummitUniversityPress.com).

Traducción al español: Judith Mestre

PORCIA EDICIONES, S.L.
C/ Aragón, 621, 4º 1ª - 08026 Barcelona (España)
Tel./Fax (34) 93 245 54 76
E-mail: porciaediciones@yahoo.com

1ª edición en México: noviembre 2011
ISBN: 978-84-95513-57-1

Impreso en México
Printed in México

Índice

Mi relación con los ángeles

Me encontraba un día practicando esquí acuático en el río Navesink (Nueva Jersey, EE.UU.) a los dieciocho años, cuando tuve una de mis primeras vivencias con los ángeles.

El día se presentaba hermoso, así que decidí ir a la playa. De pronto me percaté de que había entrado en otra dimensión. Podía ver no miles, sino millones de ángeles. Percibí que eran mis amigos, hermanos y hermanas, compañeros espirituales. Asimismo, sentí un llamamiento que venía de Dios, y que se me mostraría el camino para llevarlo a cabo. Supe también que nunca estaría sola porque los ángeles siempre permanecerían a mi lado.

Esa visión me acompañó durante la etapa universitaria, época en la que perseguía un mayor contacto con los ángeles y otros seres de luz.

En 1961 conocí a Mark Prophet, quien pasó a ser mi instructor y esposo. Él recibía revelaciones inspiradas por los ángeles y por otros seres espirituales, conocidos como maestros ascendidos. Comprendí que parte de mi vocación sería también recibir esas revelaciones, que se denominan dictados.

Mark falleció en 1973 y yo, por mi parte, he proseguido su labor por medio de The Summit Lighthouse, la organización espiritual que fundó. Entre los dos hemos recibido miles de dictados, los cuales constituyen la fuente de las citas sobre ángeles y de muchas de las oraciones que figuran en este libro.

Tras años de comulgar con los ángeles, he desarrollado una relación personal con ellos. Siempre están cerca, susurrando palabras de advertencia, de guía y de aliento. Me consta que el Arcángel Miguel y sus ángeles de la llama azul me han salvado y han salvado a mi familia de sufrir daños graves en multitud de ocasiones. Y los ángeles secretarios me ayudan a organizar el día.

En las siguientes páginas aprenderás a desarrollar la relación o el contacto que tal vez ya tengas con ellos. Los ángeles desean formar parte de tu vida. Están listos para ayudarte a resolver problemas, ya sean grandes o pequeños, y para acercarte a tu Yo Superior, que es tu yo real o espiritual.

Tan sólo sigue los pasos que se describen aquí y los ángeles se ocuparán de todo. Puede que no los veas dirigiéndose en masa a solucionar tus asuntos, pero sí verás los resultados en cuanto respondan, ¡a veces más rápido de lo que tardarás en pedirles ayuda!

Elizabeth Clare Prophet

Nota: Todos los relatos personales narrados en este libro son veraces. Sin embargo, a petición de algunas personas, se han utilizado nombres ficticios.

Cómo trabajar con los ángeles: Un plan en diez pasos

Todo el mundo ha oído historias sobre ángeles en las que hacen retroceder a individuos al borde de precipicios o en las vías del tren. Estos seres advierten sobre situaciones peligrosas y guían a quienes afrontan decisiones difíciles. Brindan consuelo, iluminación y curación.

Mas, ¿cómo puedes conseguir que los ángeles te ayuden?

Enseguida vas a aprender a relacionarte con ellos, de modo que en cuanto los llames ellos te respondan. Leerás casos de personas que se han valido de determinadas técnicas a fin de recibir orientación e inspiración de estos seres, así como relatos sobre ángeles que trabajan por ellas, haciéndose cargo de todo, desde aspectos cotidianos de la vida hasta curas milagrosas, pasando por rescates en autopistas.

Tomemos como ejemplo el caso de Alex, quien perdió el control de su auto en una carretera cubierta de hielo. Mientras se deslizaba hacia un precipicio, llamó al Arcángel Miguel. Su vehículo regresó de inmediato al centro de la carretera, «casi como si lo hubiera empujado una mano».

O el caso de Varlene, que recibió ayuda angélica tras quedarse en blanco durante un examen.

Lo primero que debemos tener en cuenta es: ¿qué es un ángel y por qué motivo responde a nuestras oraciones?

Los ángeles son a Dios lo que los rayos del sol, a éste. Dios los creó para que estuvieran a nuestro servicio y nos atendieran. Su razón de ser es contestar a nuestras oraciones. Aunque vivamos en el mundo material ellos constituyen el vínculo especial que nos une a Él. Además, cada uno de nosotros tiene en su interior un fragmento de Dios, una chispa divina, que le permite acudir a los ángeles en busca de ayuda, ¡y esperar resultados!

Siempre y cuando lo que les pidas sea positivo y no perjudique a otras personas ni interfiera en tu plan divino, los ángeles responderán a tu petición. Y no sólo puedes solicitarles ayuda para ti, sino que también puedes dirigirlos, o incluso ordenarles que lleven a cabo tareas de mayor alcance, como detener la delincuencia o salvar a los niños de la violencia y las drogas.

Los ángeles se hallan ciertamente a la espera de que les asignes tareas, pues hay una regla que rara vez incumplen: no intervienen en nuestra vida a menos que les pidamos que lo hagan. Tenlo en cuenta al estudiar este plan que te enseña en diez pasos cómo los ángeles trabajan para ti.

Pues a sus ángeles mandará acerca de ti,
que te guarden en todos tus caminos.

SALMOS 91:11

I

Haz un espacio en tu vida a los ángeles

Los ángeles viven en el mundo del Espíritu, es decir, en el cielo, y nosotros vivimos en el mundo de la materia. Ellos, por naturaleza, son atraídos hacia su hogar. Por tanto, si quieres que se sientan a gusto contigo, tienes que hacer que tu mundo —esto es, tus pensamientos, sentimientos y entorno— sea más parecido al suyo. Parafraseando la epístola de Santiago: «Acércate a los ángeles y ellos se acercarán a ti».

Los ángeles se sienten cómodos con los pensamientos de paz y amor, no con la irritación y la agresividad. Tal vez te resulte difícil quitarte de la cabeza al conductor maleducado que te cortó el paso cuando regresabas a casa. Pero sí puedes liberarte de la irritación si empiezas por entablar relación con los ángeles unos minutos al día.

Ante todo, mantente al margen de las distracciones. Apaga la radio y el televisor, vete a una habitación donde estés a solas o a tu lugar preferido en la naturaleza, dibuja un ángel en tu mente (te ayudará tener cerca una imagen de tu ángel favorito) y comulga con estos seres.

Simplemente háblales de tus problemas. Hazlo como si estuvieras comunicándote con tu mejor amigo. Luego escucha. Mantente en silencio y aguarda los pensamientos que ellos te depositarán en la mente. Quizá desees utilizar alguna de las técnicas que este libro te ofrece a fin de aumentar el flujo de energía positiva de los ángeles.

Al poco tiempo tu relación con estos seres se tornará una espiral ascendente: te ayudarán a sentirte más positivo, más positiva. Y eso te acercará más a ellos.

2

Reza en voz alta

Los ángeles dan respuesta a numerosas oraciones en silencio o a intensos deseos del corazón. De hecho, no *tienes* que hablar para que te presten atención, sobre todo si te encuentras en un lugar donde resultaría inadecuado, cual sería una reunión de trabajo o el metro. De todos modos, obtendrás una respuesta más eficaz si les hablas en voz alta.

Tu voz tiene poder: el poder de crear o de destruir. Dios se valió de él cuando dijo: «Hágase la luz». Al utilizar la facultad del habla puedes crear cambios en tu vida.

La oración hablada adopta diversas modalidades: canciones y alabanzas, con las que tradicionalmente se ha congregado a los ángeles; oraciones estructuradas, como el Padrenuestro; y oraciones sin una pauta, que consisten en expresar los anhelos más profundos del alma. Todas ellas pueden compaginarse con «decretos» y «fíats», los cuales constituyen nuevas formas de orar que aprenderás en este libro.

Los decretos fomentan el trabajo conjunto de Dios y el hombre para generar cambios constructivos. Son oraciones habladas que te permiten dirigir la energía de Dios al mundo. Los fíats son afirmaciones cortas y enérgicas como «Arcángel Miguel, ¡ayúdame, ayúdame, ayúdame!», que resultan eficaces a la hora de atraer ayuda angélica.

Pronuncia los decretos y fíats en voz alta con tono firme. Recítalos en tu casa ante el altar, de camino a la parada del autobús, en el auto, en las montañas y muy especialmente en caso de emergencia... ¡Y verás cómo se te abren las compuertas del cielo!

3

Utiliza el nombre de Dios

Dios está dentro de ti. Así que, en cuanto utilizas esa energía que está en tu interior para dirigir a los ángeles, ellos pueden responderte con todo el poder del universo.

Cuando Dios habló a Moisés desde la zarza que ardía, reveló tanto Su nombre —YO SOY EL QUE YO SOY— como la verdadera naturaleza del hombre.

Tú eres la zarza y el fuego es tu chispa divina, esto es, el fuego que Dios te ofrece por ser Su hijo o hija. Se trata del poder de crear en el nombre de Dios y de dar órdenes a los ángeles.

Jesús utilizó el nombre de Dios cuando dijo: «YO SOY la resurrección y la vida». Cada vez que pronuncias las palabras «YO SOY...» en realidad estás afirmando «Dios en mí es...», y atraes con ello hacia ti lo que digas a continuación. Cuando dices «YO SOY iluminación», estás afirmando que Dios en ti te está atrayendo más del atributo de la iluminación de cuanto posees. Muchos de los decretos y fíats que encontrarás en este libro emplean el nombre de Dios, YO SOY EL QUE YO SOY. Pruébalo y experimenta cómo aumenta el poder de tus oraciones.

4

Recita tus oraciones y decretos cada día

Los ángeles siempre están a nuestra disposición. Pero nosotros no siempre sabemos cómo llegar a ellos. La mejor forma de estar seguros de que responderán cuando les llames es recorriendo con mucha frecuencia el camino que erijas desde tu corazón hasta el suyo a fuerza de comulgar con ellos a diario. Y la mejor manera de hacerlo es estableciendo una sesión diaria de oraciones. No tiene que ser larga: comenzar con cinco minutos basta.

Miguel, mecánico de oficio, afirma que los ángeles le ayudan en todo momento y que recitar decretos cada día le permite estar en su misma longitud de onda. «Estoy más en armonía con ellos», comenta. Cuando decreta diariamente sabe que estos seres contestarán al instante cada vez que pida ayuda. Dice que suelen mostrarle en menos de quince segundos las piezas que se le han perdido y también le ayudan a detectar problemas con los vehículos.

Si rezas a diario, no sólo te ayudas a ti sino además a personas que ni siquiera conoces. Los ángeles buscan a individuos que invoquen con regularidad la luz de Dios a fin de que sean sus socios en la curación del planeta. En cuanto los encuentran, dirigen la luz a través de ellos para ayudar a quienes se hallan en situación de riesgo de contraer enfermedades, de ser víctimas de delitos graves o desastres naturales. Por ello tus oraciones diarias pueden ser muy determinantes.

5

Pide ayuda

Aun después de establecer un vínculo con los ángeles debes acordarte de solicitar ayuda en cuanto te haga falta. Ellos respetan tu libre albedrío. En pocos casos intercederán sin que se les llame. Lo más común es que aguarden cortésmente.

Miguel (el mecánico) señala que en ocasiones se esfuerza durante mucho tiempo por resolver un problema hasta que por fin se acuerda de solicitar ayuda. Suele ocurrirle cuando intenta enroscar un tornillo en un lugar que no alcanza a ver. «Me paso un cuarto de hora intentándolo antes de decir "ángeles, ayudadme, por favor" y ¡zas!, lo consigo», explica.

6

Repite los decretos y las oraciones

Las oraciones y los decretos son más eficaces cuando los repites. Muchos protestantes evitan recitar las oraciones más de una vez pues afirman que se trata de la vana repetición contra la que advirtió Jesús (Mateo 6:7). «Al fin y al cabo —cuestionan— ¿por qué habría de pedir una cosa a Dios más de una vez?» Los católicos y las iglesias ortodoxas orientales practican la repetición del Padrenuestro, el Avemaría y otras oraciones. Los místicos judíos repetían los nombres de Dios. A juicio de algunos místicos, la repetición es ciertamente orar «sin cesar» (1 Tesalonicenses 5:17).

La razón por la cual es más eficaz repetir una oración es que cada vez que la recitas estás ofreciendo más energía en forma de luz a Dios y a los ángeles, quienes pueden utilizarla como semilla, a la vez que van añadiendo más energía mientras se ocupan de dar respuesta a tu petición. Así pues, escoge unas cuantas oraciones y decretos y recítalos cada día hasta que los ángeles respondan.

7

Envía tus oraciones a la dirección correcta

Si quieres que te arreglen las cañerías, llamas a un fontanero. Si lo que quieres es que alguien te rescate de un atracador, llamas a los ángeles de protección. Y si quieres mejorar una relación, entonces llamas a los ángeles del amor.

Los ángeles están ocupados en distintos trabajos. Y se valen de energías de frecuencia variable (correspondiente a colores distintos) con el propósito de desarrollar sus labores. En las páginas siguientes vas a conocer a siete tipos de ángeles, así como a los siete arcángeles que los supervisan.

Además, vas a aprender a qué ángeles llamar según la tarea de que se trate.

El concepto de siete arcángeles no es nuevo, como tampoco lo es asociar a los ángeles con colores o con fuego espiritual. Ya en el siglo III a. C. en los escritos de los judíos se hablaba de siete arcángeles. Creían que éstos estaban rodeados de llamas espirituales y adoptaban colores diversos.

Puedes establecer un contacto más cercano con ellos si llamas al arcángel cuyos ángeles están especializados en aquello que tú desees realizar.

8
Concreta

Los ángeles responden a tus llamados con precisión, y están orgullosos de que así sea. Cuanto más concreta sea la petición, más lo será la respuesta. Mientras vivas la vida en armonía con la Fuente universal y dediques tu energía a ayudar al prójimo, las huestes angélicas te ayudarán en los pormenores de la vida.

Un ejemplo alentador es el de una mujer, durante la Segunda Guerra Mundial, que no tenía dinero pero se dirigió a Dios con una lista de la compra. Le pidió concretamente los artículos justos que necesitaba para alimentar a su familia ese fin de semana. A las pocas horas, un hombre llamó a su puerta llevando consigo una cesta que contenía todo lo que ella había pedido, incluidas la ternera, las patatas y la harina para hacer pasteles.

A continuación verás cómo otra mujer consiguió, gracias a los ángeles, atraer hacia sí el tipo de auto que quería.

Danette buscaba un Toyota todoterreno de segunda mano a sabiendas de que no podía permitirse los exorbitantes precios a que se estaban vendiendo. Así que decidió dejarlo en manos de los ángeles.

Escribió en un papel el año, marca, color, potencia del motor, rango de precios, kilometraje, tipo de neumáticos y llantas que quería. Asimismo, añadió que el vehículo debía contar con buenas características mecánicas, incluidos dirección asistida, servofrenos, elevalunas eléctrico (elevación eléctrica de ventanillas), cierre automático centralizado, aire acondicionado y control de crucero. Recortó una fotografía del tipo de auto que buscaba y la puso en su cartera. Cada día recitaba decretos y fíats a los ángeles entre uno y tres cuartos de hora mientras observaba la lista y la fotografía.

Tras semanas de hojear los anuncios clasificados Danette estaba algo preocupada. Sin embargo, no se dio por vencida. «Sabía que los ángeles estaban trabajando..., así que no iba a contentarme con menos», afirmó.

Finalmente, optó por continuar la búsqueda en otra ciudad, a doce horas de donde residía. Sus amigos le habían advertido de que un vehículo de esas características al precio que pretendía era imposible de encontrar. Pero cuando abrió el periódico, allí estaba: «¡Un Toyota todoterreno del año 1990 tres mil dólares más barato que todos los que había visto!», exclamó. El propietario había puesto el anuncio ese mismo día y el auto cumplía con cada uno de los requisitos que ella había determinado, ¡hasta el control de crucero! El banco aprobó el préstamo, de modo que regresó a casa con su nuevo todoterreno, dando gracias a los ángeles todo el camino.

Cuanto más detallada sea tu petición, más satisfactorios serán los resultados.

9

Visualiza lo que desees que suceda

Puedes aumentar el poder de tu oración manteniendo una clara imagen mental de lo que quieras ver realizado. Visualiza, además, una luz brillante alrededor del problema o situación. En ocasiones, concentrarte en una fotografía, como hizo Danette, puede también serte de ayuda. Seguidamente te ofrezco otro ejemplo de cómo funciona la visualización.

Un grupo de estudiantes viajaba de vuelta a casa después de asistir a un seminario espiritual cuando el auto empezó a recalentarse. Puesto que ninguno de ellos tenía más dinero para gastar en reparaciones, decidieron pedir ayuda a los ángeles.

«Cada vez que la aguja empezaba a subir indicando un incremento progresivo de la temperatura, llamaba enérgicamente a los ángeles», explica Kevin, el conductor. «Les pedí a los que iban en el auto conmigo que visualizaran nieve, frías corrientes cristalinas de la montaña y hielo en torno al motor. Acto seguido, la aguja bajaba al descender la temperatura.»

El grupo llegó a casa a salvo, gracias a los ángeles, ¡y a una eficaz técnica de visualización! Por supuesto, es mejor compaginar la ayuda angélica con la profesional siempre que se pueda.

10

Espérate sorpresas

Cualquiera que haya pensado en los ángeles se habrá hecho esta pregunta: ¿Por qué responden a algunas oraciones y no a otras? ¿Por qué una persona reza durante diez años sin obtener lo que quiere, mientras que otra lo consigue de inmediato? ¿Por qué el fuego o las inundaciones destruyen algunas casas, al tiempo que otras permanecen intactas? No cabe duda de que los ángeles oyen todas nuestras plegarias.

Una de las razones es que los ángeles responden a nuestras oraciones en función de los efectos acumulados de nuestras acciones del pasado, esto es, las buenas y las malas acciones que hemos realizado en ésta y en vidas anteriores, lo que también se conoce como karma. Los ángeles no son genios ni tampoco reyes magos. Deben guiarse por las reglas del karma. Cuando oramos y les ofrecemos nuestra devoción, a veces pueden eliminar los efectos del karma, pero a menudo tan sólo son capaces de reducirlos.

Los ángeles escuchan todas tus oraciones. Mas para que lo que pides se conceda, deben cumplir tres requisitos: 1º) No interferir el plan de Dios para tu alma (o tu karma); 2º) no perjudicar a ti ni a otra persona; y 3º) el momento ha de ser el adecuado.

Podrías pasarte años rezando para que te tocase la lotería y no ganarla. Sin embargo, tal vez obtendrías algo que no esperabas, como por ejemplo un empleo mejor remunerado que podría llevarte por nuevos derroteros. Quizá los ángeles no habrían accedido a tu oración para ganar la lotería porque tu alma pudiera necesitar aprender la lección de tener que ganarse la vida. Pero sí habrían dado la mejor respuesta en tu caso.

Si sigues los pasos que se indican en este libro y aun así no hallas la respuesta, puede que los ángeles estén tratando de decirte algo. Tal vez sea el momento de revisar tus plegarias e intentarlo de nuevo. Sigue orando y sé consciente de que los ángeles te brindarán la mejor respuesta que puedan según sean las necesidades de tu alma (Véase el apartado «Respuesta a un llamado» en la pág. 39). La respuesta siempre da frutos. Tan sólo has de saber adónde mirar.

Respuesta a un llamado

Cuando tenía dieciséis años, Lucy Krasowski tuvo el presentimiento de que moriría de forma violenta a los treinta, sensación que no la abandonó durante la adolescencia. A los veinticinco años, empezó a pedir a Dios que la liberase de esa muerte a la que se creía destinada.

En el ínterin, había llegado a ser agente de policía en la ciudad de Montreal (Canadá). Si bien la violencia contra los agentes de policía es menos frecuente en Canadá que en los Estados Unidos, Lucy sintió que se hallaba en peligro y suplicó a Dios que la guiase en sus oraciones para pedir protección. Había oído decir que el Arcángel Miguel era el patrón de los agentes de policía, de manera que se puso a buscar oraciones dedicadas a él.

Tenía treinta años la primera vez que asistió a un grupo de estudio de Summit Lighthouse. Allí aprendió decretos y oraciones al Arcángel Miguel y también el fíat «Arcángel Miguel, ¡ayúdame, ayúdame, ayúdame!». Enseguida memorizó los decretos y comenzó a recitarlos de camino y de vuelta al trabajo, así como durante los descansos. «Estaba prácticamente en comunión constante [con los ángeles]», recuerda.

El 22 de mayo de 1993 Lucy dio dos horas de decretos al Arcángel Miguel antes de acudir al trabajo a las ocho de la noche. Esa misma noche, ella y su compañero andaban buscando a un delincuente sospechoso. Se detuvieron junto a un hombre y le preguntaron si había visto algo. Éste les apuntó con una pistola de 9 mm. y les pidió que entregaran sus armas. Ambos vacilaron, momento que el individuo aprovechó para dispararles, a Lucy en la cabeza, la cara y una pierna, y a su compañero, en la cabeza.

Lucy abrió la puerta y se tiró al suelo, tratando de ponerse a salvo bajo el vehículo. «Arcángel Miguel, ¡ayúdame, ayúdame, ayúdame!», gritó. El llamado asustó al hombre, quien huyó al pensar que ella estaba pidiendo ayuda por radio, circunstancia que le dio a Lucy el tiempo necesario para hacerlo. (El delincuente fue posteriormente detenido y condenado.)

Aunque Lucy sufrió graves heridas, las balas no tocaron la columna vertebral ni los principales vasos sanguíneos. «Probablemente le faltaron unos milímetros para que ocurriera una tragedia», afirmó el cirujano que la operó, el Dr. Philip Dahan.

Ella atribuye al Arcángel Miguel tanto el error en los disparos como su pronta recuperación. En ningún momento sufrió conmoción y, de hecho, al cabo de dos días ya caminaba sin problemas. Diez días después abandonó el hospital. Su oído quedó deteriorado y algunos músculos faciales, paralizados. Sin embargo, hoy día su capacidad auditiva se encuentra a nivel de práctica normalidad. Opina que su recuperación fue «impresionante», sobre todo teniendo en cuenta que los médicos le dijeron en un principio que nunca volvería a oír con el oído derecho.

¿Por qué motivo el Arcángel Miguel no impidió que le dispararan? Ella cree que su karma —el efecto acumulado de sus acciones del pasado— no le permitió detener las balas. Pero piensa que las oraciones que hizo sí permitieron al arcángel desviarlas para que no la mataran. Aunque su karma la habría destinado a morir a los treinta años, su determinación por vivir y su elección de orar le cambiaron el «destino».

«Mi karma no puso freno a las balas, pero lo que el Arcángel Miguel hizo fue igual de bueno: me salvó la vida», comentó Lucy. «Dios no siempre responde a nuestras oraciones de la manera en que pretendemos que lo haga.»

Ángeles de protección

Color: Azul

Arcángel: Miguel, «el que es como Dios»

Hogar espiritual:

Banff, cerca del lago Louise (Canadá)

Lo que puedes pedirles:

Dones espirituales

Liberación de miedos y dudas sobre uno mismo, fortalecimiento de la fe, perfeccionamiento del alma.

Ayuda práctica

Protección contra peligros físicos y espirituales (cualquier situación, desde accidentes de tráfico o robos hasta agresiones psíquicas); exorcismo de demonios.

Problemas mundiales

Inspiración para los líderes, mejoras en los gobiernos.

Las escrituras hebrea, cristiana e islámica veneran por igual al Arcángel Miguel. La tradición mística judía le identifica como el Capitán de las Huestes del Señor, que se apareció a Josué antes de la batalla de Jericó; y también, como el ángel que guió a Israel por el desierto y salvó a los tres muchachos hebreos del horno en llamas de Nabucodonosor.

El Arcángel Miguel y sus ángeles de protección responden mejor a tus llamados urgentes cuando les invocas a diario. Miles de personas han vivido milagros que a su parecer se produjeron gracias a la estrecha relación que mantenían con los ángeles de la llama azul.

Me refiero a personas como Daniel, piloto de una aerolínea, que empezó a decretar a los ángeles de protección durante unos veinte minutos al día. En cierta ocasión, llevó a sus dos hijos a dar una vuelta en tractor cerca de su casa en las afueras de Dallas (Texas, EE.UU.) y sucedió que le cayó la rama de un árbol encima del cuello y la espalda, la cual, pese a hallarse ensangrentada, no le impidió arreglárselas para conducir ese cuarto de milla (unos

400 m.) de regreso a su casa. Más tarde era incapaz de recordar el recorrido, pero su hijo Christopher, de cuatro años, sí se acordaba: «Papá condujo el tractor hasta casa, pero un enorme ángel azul bajó y se sentó en la parte delantera del tractor», explicó. El ángel le dijo que su papá se pondría bien.

Daniel se recuperó muy rápido sin tener que pasar por la mesa de operaciones, aunque el personal del hospital le comentó que tuvo suerte de no haber quedado tetrapléjico. Él, por su parte, cree que los decretos ayudaron al ángel a salvarle. (Véanse págs. 105 a 122 para oraciones y decretos a los ángeles.)

El Arcángel Miguel en misión de rescate

Kelly y sus amigos, Wayne, Russell y Heather habían empezado a decretar a los ángeles tan sólo unas semanas antes de necesitar ayuda urgente. Los cuatro adolescentes se apretujaron en el pequeño sedán de Wayne y juntos recitaron el decreto de «protección de viaje» del Arcángel Miguel antes de partir para una excursión al campo.

Justo después de salir de la autopista, estando en un paso elevado, un camión de dieciocho ruedas, totalmente cargado, se pasó un semáforo en rojo y se precipitó encima del auto. Lo arrastró bajo sus ruedas 500 pies (153 m.) antes de parar.

Kelly iba sentada en el asiento trasero detrás del conductor, justo el lado donde impactó el camión. Quedó atrapada en el metal retorcido desde la punta de los pies hasta la mitad del pecho. Una de las ruedas del camión estaba justo encima de su cuerpo y no le permitía respirar.

«¡Haz los llamados!», le gritó Heather, que también iba en el asiento trasero. Kelly no podía hablar, pero mandó una oración en silencio al Arcángel Miguel.

Por extraño que parezca, Kelly asegura que al instante el camión se levantó unas pulgadas, dándole tiempo para liberar la parte superior del cuerpo, y luego se desplomó de nuevo con todo su peso. «De repente pude respirar», señala Kelly. Sus primeras palabras en voz alta fueron: «¡Gracias, Arcángel Miguel!».

Durante las cerca de dos horas que llevó sacarla del amasijo de hierros, dice haber estado «totalmente tranquila», reconfortada por la presencia de Miguel y sus ángeles.

Después de tres operaciones, sigue teniendo problemas de cadera pero como ella misma afirma «no es nada que no pueda sobrellevar». Wayne resultó ileso, mientras que Russell recibió un golpe en la cabeza y Heather se rompió un brazo. Kelly afirma saber que el Arcángel Miguel les salvó de la muerte o de lesiones duraderas.

Fíat

ARCÁNGEL MIGUEL,

¡AYÚDAME! ¡AYÚDAME! ¡AYÚDAME!

Ángeles de iluminación

Color: Amarillo

Arcángel: Jofiel, «belleza de Dios»

Hogar espiritual:

Cerca de Lanchow, al norte de la China central

Lo que puedes pedirles:

DONES ESPIRITUALES

Sabiduría, iluminación, comprensión, inspiración, conocimiento, visión clara, conexión con tu Yo Superior.

AYUDA PRÁCTICA

Ayuda a asimilar información, a estudiar para pasar exámenes satisfactoriamente; a liberarse de adicciones; superar la ignorancia, el orgullo y la estrechez de miras.

PROBLEMAS MUNDIALES

Revelación de los delitos cometidos en gobiernos y corporaciones, ayuda en la lucha contra la contaminación y para la limpieza de nuestro planeta.

Todos lo hemos visto alguna vez en los dibujos animados. ¡Pum! y aparece una bombilla sobre la cabeza de alguien: «¡Tengo una idea!», exclama. Incluso Einstein tuvo una chispa de intuición que le inspiró la teoría de la relatividad. Mas ¿de dónde viene la inspiración?

Muchas de nuestras ideas vienen del Arcángel Jofiel y de los ángeles de la iluminación, quienes nos ponen en contacto con la mente de Dios, la cual es fuente de toda la creatividad. Estos ángeles nos traen gran inspiración y revelaciones capaces de generar cambios en nuestra vida. Nos ayudan a conectarnos con nuestro Yo Superior, así como a absorber información o adquirir nuevas destrezas. Su meta primordial es rescatarnos de la ignorancia, que podemos definir como ceguera con respecto a nuestra unidad con Dios.

Cuando comulgues con estos ángeles, ellos te liberarán de todo aquello que obstaculice la unidad con tu Yo Superior, incluidas las dudas sobre ti mismo, el miedo, la falta de autoestima o adicciones de cualquier clase: del chocolate a la nicotina. Pueden incluso ayudarte a aumentar la capacidad mental y a utilizar un porcentaje mayor del cerebro.

Por tanto, háblales de cuestiones que te surjan en la mente y sobre la mejor manera de abordar un problema. Pídeles que te inspiren las palabras que necesitas para un poema, la trama de tu novela o los argumentos de tu informe. Puedes confiar en ellos para este fin, y también para mantenerte en contacto con tu Yo Superior, en tanto invocas a diario la llama de la iluminación.

Aprobar un examen

¿Te ha ocurrido alguna vez? Estudias mucho para un examen y luego, cuando lo tienes delante, en una mesa vacía y el reloj va marcando las horas, no te acuerdas de nada.

Verlene solía pasarlo muy mal cuando se presentaba a un examen. Aun habiendo estudiado mucho, se quedaba en blanco al llegar la hora. Durante sus estudios de agente de la propiedad inmobiliaria en Illinois, lo hizo tan bien en los ejercicios de clase que su instructor le comentó a propósito del examen: «Será pan comido para ti».

«De ninguna manera», pensó ella, presa de un sentimiento fatalista, «porque nunca me pasa eso».

Efectivamente, en cuanto llegó al aula donde se examinaba y abrió el examen, se le quedó la mente en blanco. Hizo en silencio una oración a los ángeles para que la iluminaran. De repente, las respuestas empezaron a llegar y la tinta se deslizó por encima del papel, de modo que pudo acabar el examen.

No logró averiguar la calificación, ya que no se daba a conocer, pero sí aprobó el examen. Cree que los ángeles la ayudaron a conseguirlo. Explica que, una vez empezó, lo disfrutó. «Fue fácil», concluye.

Fíat

DE LAS CUMBRES CELESTIALES VENID

ÁNGELES RESPLANDECIENTES,

¡INFUNDID LUZ A MI SER Y MI MENTE!

Ángeles del amor

Color: Rosa

Arcángel: Chamuel, «el que ve a Dios»

Hogar espiritual:
San Luis (Missouri), EE.UU.

Lo que puedes pedirles:

DONES ESPIRITUALES

Amor, compasión, misericordia, creatividad, perdón; disolución de los sentimientos de egoísmo, aversión a uno mismo, autocondenación y baja autoestima; preparación para recibir al Espíritu Santo.

AYUDA PRÁCTICA

Protección contra la malicia, la difamación y los malentendidos; inicio de nuevas amistades y relaciones; reparación de relaciones dañadas; ayuda para que las personas se lleven bien; ayuda para encontrar empleo; localización de objetos perdidos.

PROBLEMAS MUNDIALES

Alivio de la tensión étnica y racial.

El amor tanto puede mostrarse manso como feroz. Y lo mismo cabe decir del Arcángel Chamuel y sus ángeles. Pueden aparecer rodeados de finísimas capas de luz para consolar a un niño asustado, o revestidos de su armadura a fin de combatir a las fuerzas de la crueldad y el odio que provocan gran parte de los problemas en familias y relaciones.

Los ángeles del amor te ayudan a luchar contra las fuerzas antagónicas al amor, las cuales traen consigo adicciones y problemas psicológicos tales como la depresión y el comportamiento compulsivo. Cuando te enfrentes con el deseo de fumar, cuando tu autoestima esté por los suelos o te sientas impotente ante las fuerzas de la división o tensión racial en tu barrio, recita el poderoso fíat a Chamuel y a los ángeles del amor (pág. 67). Repite la segunda parte «marchaos, fuerzas del antiamor» nueve veces o más.

Asimismo, los ángeles del amor se dedican a hacerte la vida más fácil. El Arcángel Chamuel te asignará ángeles para que te ayuden en tu día a día como si fueran empleados bajo tus órdenes. Puedes pedirles que hagan un encargo, abran el camino para que te vaya bien en una reunión o se hagan cargo de proyectos especiales en pro de tu familia, negocio o iglesia.

Son expertos en cuanto respecta a mejorar la comunicación entre las personas. Si lo deseas, pídeles que ayuden a los miembros de tu familia a entenderse, así como a ti personalmente para ser capaz de escuchar mejor a fin de atender las necesidades de los demás.

Así pues, si tus hijos se pelean o no te llevas bien con tu cónyuge, jefe o vecino, o no atraes el tipo de relación que deseas, añade a tu ritual diario algunas oraciones a los ángeles del amor. Ponlo a prueba. Observa cómo te transformarán tanto a ti como a tus seres cercanos.

Fíat

EN EL NOMBRE DE DIOS, YO SOY EL QUE YO SOY,

EN EL NOMBRE DEL ARCÁNGEL CHAMUEL:

¡MARCHAOS, FUERZAS DEL ANTIAMOR!

Ángeles especializados en objetos perdidos

Cualquier ángel nos ayudará a encontrar un objeto extraviado. Los del amor, además, están especialmente dedicados a proporcionarnos comodidad y bienestar.

Ellos nos ayudan a encontrar cosas como joyas perdidas, ropa o incluso documentos traspapelados. Así es como funciona: Haces el llamado «Ángeles, ayudadme a encontrar mi ______». De inmediato, puede que te acuerdes de dónde está, tengas una visión del lugar donde se encuentra o incluso veas el objeto en un sitio en el que ya miraste.

Patricia perdió un pendiente [arete] en unos grandes almacenes abarrotados. Su amiga Carol le dijo que llamase a los ángeles que buscan objetos. Un tanto escéptica, siguió el consejo de su amiga. De súbito, sus ojos se posaron en un lugar bajo el mostrador hasta donde el pendiente había rodado.

Alicia, enfermera de profesión, suele pedir a los ángeles que le ayuden a encontrar objetos perdidos en el hospital. A menudo halla utensilios tales como jeringuillas o material especial de intubación que nadie más ha podido localizar. «Da la sensación de que los ángeles me muestran a través de mi visión interna adónde debo ir a buscarlo», explica.

Haremos cualquier cosa que nos pidas, siempre y cuando sea lícita a los ojos de Dios.

ARCÁNGEL CHAMUEL

Ángeles de la guía

Color: Blanco

Arcángel: Gabriel, «Dios es mi fortaleza»

Hogar espiritual:

Entre Sacramento y el Monte Shasta (California, EE.UU.)

Lo que puedes pedirles:

DONES ESPIRITUALES

Guía para crear tu vida espiritual; revelación del plan y el propósito de tu vida; disolución del desaliento; alegría, felicidad y realización.

AYUDA PRÁCTICA

Ayuda para establecer disciplina y orden en tu vida; organización de tu entorno emocional, mental y físico, incluyendo cosas tales como la compra de casas y reorientación de tu educación y profesión.

PROBLEMAS MUNDIALES

Ayuda para organizar operaciones destinadas al mantenimiento de la paz, la distribución de comida y ayuda médica; alivio para las víctimas de desastres naturales.

Gabriel y los ángeles de la guía te ayudarán a entender y llevar a cabo el propósito de tu vida. En el Libro de Daniel, Gabriel ayuda al profeta a interpretar sus visiones y le da sabiduría y comprensión. En el evangelio según Lucas, el arcángel le dice a María que ella será la madre del Hijo de Dios. Los musulmanes creen que Gabriel instruyó a los profetas y dictó el Corán a Mahoma.

Este arcángel y sus ángeles te ayudarán a entender el plan que tú, tu Yo Superior y una junta de seres espirituales elaboraron para tu vida antes de que nacieras. Ellos te ayudarán a recordar lo que tienes que hacer para llevar a término ese plan, y también a encontrar a las personas que van a ayudarte a llevarlo a cabo.

Asimismo, te ofrecerán ayuda para defender ese plan para tu vida contra cualquier cosa que se oponga a él, ya sea el desaliento, la burla o la falta de dinero o recursos. Te ayudarán a organizarte la vida con el fin de que seas capaz de ejecutar tus obligaciones diarias a la vez que trabajas cara a metas de mayor alcance.

Los ángeles de la guía te hablarán cuando entiendas que debes escucharles. Una de las mejores técnicas para obtener orientación angélica consiste en pedirles que te transfieran información a la mente mientras duermes. De hecho, puede que ya lo estén haciendo.

¿Alguna vez te has despertado con una sensación maravillosa, positiva, y con la impresión de saber adónde ir? Si te ha sucedido, es muy probable que tu alma haya estado en los hogares espirituales de los ángeles mientras tu cuerpo dormía. Utiliza la técnica que leerás a continuación para aumentar ese contacto nocturno. ¡Y no abandones esos alegres pensamientos mientras vas construyendo tu vida con los ángeles de la guía!

Visita a los ángeles en su hogar

Los arcángeles tienen en el cielo hogares espirituales, llamados retiros, situados sobre determinados lugares energéticamente potentes de la Tierra. Cada retiro es un punto de encuentro para los ángeles, así como un centro de instrucción para nuestra alma de noche, mientras dormimos.

Puedes visitar las universidades del Espíritu, que poseen bibliotecas y salas de lectura donde tienes la oportunidad de aprender cualquier materia que puedas imaginar: desde psicología personal hasta cómo llevarte bien con otras personas, pasando por conceptos matemáticos. Tu mente consciente no va a recordar necesariamente todo lo que hayas aprendido en esas universidades del Espíritu, pero la información tal vez te llegue en forma de inspiración o destellos intuitivos.

Escoge el retiro que quieras visitar según sea el trabajo espiritual que estés haciendo. En la página siguiente leerás un ejemplo de oración que puedes recitar antes de acostarte. Inserta el nombre y la ubicación del retiro del arcángel adonde desees acudir.

En el nombre de mi Yo Real, llamo a los ángeles para que me lleven en la conciencia de mi alma al retiro etérico del ______________________

[Arcángel Gabriel y los ángeles de la guía] situado

____

[entre Sacramento y el Monte Shasta, California, EE.UU.].

Pido que se me llene e inspire con la voluntad de Dios, y también pido al

____

[Arcángel Gabriel y los ángeles de la guía] que

____

____

[incluir petición personal].

Pido que toda la información necesaria para el cumplimiento de mi plan divino se transmita a mi conciencia externa al despertarme, según la necesite. Doy las gracias y lo acepto hecho ahora con pleno poder.

Estoy aquí y no te abandonaré [...] hasta que no hayas llevado a cabo tu razón de ser.

ARCÁNGEL GABRIEL

Ángeles de la curación

Color: Verde

Arcángel: Rafael, «Dios ha curado»

Hogar espiritual:
Fátima (Portugal)

Lo que puedes pedirles:

DONES ESPIRITUALES
Integridad, visión espiritual, inspiración de la verdad.

AYUDA PRÁCTICA
Curación del cuerpo, la mente, el alma y el espíritu; inspiración para el estudio y la práctica de música, matemáticas, ciencia y medicina tanto tradicional como alternativa; satisfacción de necesidades físicas tales como alimento, ropa, alojamiento, herramientas de tu oficio.

PROBLEMAS MUNDIALES
Solución de las desavenencias entre naciones; curación de los heridos en campos de batalla; inspiración de nuevos remedios para curar enfermedades.

Se conoce a Rafael como el ángel de la ciencia, el conocimiento y la curación. Cierto texto judío sostiene que le reveló a Noé el poder curativo de las plantas. Otro narra cómo curó a un hombre ciego y ató a un demonio. Los católicos le reverencian por ser el ángel que curó a los enfermos en el estanque de Betesda. El libro de Enoc explica que entre sus responsabilidades está la de curar las enfermedades y heridas de los hombres. Rafael trabaja con los ángeles de la curación y con María, Reina de los Ángeles, para sanar las enfermedades de cuerpo, mente y alma.

Cuando abordes un problema de salud física o mental, en primer lugar busca la ayuda del profesional adecuado, ya sea médico, quiropráctico o un especialista en salud mental. A continuación, pon a los ángeles a trabajar. Pídeles que eliminen cualquier energía negativa que esté causando esa dolencia. Luego, que coloquen su presencia sobre los profesionales de tu elección y que trabajen a través de ellos.

Mientras tanto, reza cada día a los ángeles solicitándoles curación y visualizando la luz curativa de Dios, de color verde esmeralda brillante, en torno a la zona enferma o lesionada, saturándola. No te olvides de llamar siempre a los ángeles de la protección para que trabajen con los de la curación. A menudo hay que proteger el proceso curativo de fuerzas invasoras, desde cualquier tipo de infección hasta energía negativa.

Si rezas y no ves resultados inmediatos, no te des por vencido. Rafael ha explicado que no siempre es posible la curación física. Tal vez tu karma requiera que experimentes dolor o enfermedad física durante un cierto período. De todas formas, quizá tus oraciones sirvan para sanar las dolencias del alma y el espíritu que te condujeron a hacer el karma inicial.

Estate siempre preparado para ver resultados milagrosos. Nunca sabes cuándo tu oración o un acto de gracia puede retirar el karma, de manera que percibas el hermoso trabajo de los ángeles de la curación al reparar almas y cuerpos maltrechos.

> Venimos a curar el alma, la mente y el corazón, sabiendo perfectamente que a continuación se producirá la curación del cuerpo.
>
> ARCÁNGEL RAFAEL

María señala el camino

Margarita sabía que el cáncer de pecho era una de las principales causas de muerte en las mujeres de su edad, así que hacía todo lo correcto: se examinaba con regularidad y pasaba las debidas revisiones médicas. Pero, de no haber recibido ayuda de una fuente superior, tal vez le habría pasado desapercibido un bulto y quizá hubiera podido ser demasiado tarde.

Llevaba tres semanas orando y cantando alabanzas cada día a la bendita Madre cuando recibió una prueba tangible de su presencia. «Me desperté en plena noche después de haber soñado que una bella mano iluminada bajaba de las nubes, señalando un bulto que no había notado anteriormente, justo debajo del pecho izquierdo, sobre una costilla», dijo. «Mis dedos estaban encima.»

El cirujano detectó en efecto un bulto, que extirpó inmediatamente. Aunque el tejido no era maligno, contenía algunas células anormales que podrían haberse vuelto cancerígenas si no las hubiera extraído.

Entre las oraciones que Margarita hizo estaba el Rosario para la nueva era, así como canciones y alabanzas a la bendita Madre, del álbum *Sanctíssima*. Está convencida de que fue el poder de sus oraciones lo que permitió a la Madre María hacerle notar el bulto.

Fíat

¡YO SOY LA RESURRECCIÓN Y LA VIDA
DE MI SALUD PERFECTA MANIFESTADA AHORA!

La Reina de los Ángeles reparte bendiciones de curación

A María, la madre de Jesús, se la conoce con el nombre de Reina de los Ángeles. Se la relaciona con miles de curaciones milagrosas, a destacar, en Lourdes, Francia; Medjugorje, Bosnia Herzegovina; y en otros lugares donde se ha aparecido. Muchos estudiantes de los maestros ascendidos han informado de curaciones producidas como consecuencia de las oraciones que recitaron a la Madre María y del *Rosario escritural para la nueva era*, que ella me transmitió en 1972.

El Rosario comprende el Padrenuestro y un Avemaría que se refiere a nosotros como «hijos e hijas de Dios» en lugar de «pecadores». En un dictado que dio a través de mí, María explicó que la función del Avemaría no es sólo reverenciar a la madre de Jesús sino también a Dios en la faceta de Madre. Así pues, al recitar el Avemaría uno accede a la energía y al poder de Dios en su aspecto femenino. María nos dijo que millones de ángeles responden cuando se recita el Avemaría.

Repítelo tres o más veces después de tus oraciones sinceras de curación o para recibir cualesquiera dádivas espirituales o físicas que precises.

Ave María, llena eres de gracia,
el Señor es contigo.
Bendita tú eres entre todas las mujeres
y bendito es el fruto de tu vientre, Jesús.

Santa María, Madre de Dios,
ruega por nosotros, hijos e hijas de Dios,
ahora y en la hora de nuestra victoria
sobre el pecado, la enfermedad y la muerte.

Ángeles de la paz

Color: Morado y oro salpicado de rubí

Arcángel: Uriel, «Fuego de Dios»

Hogar espiritual:
Montes Tatra, al sur de Cracovia (Polonia)

Lo que puedes pedirles:

DONES ESPIRITUALES

Paz interior, tranquilidad de espíritu, resolución de los problemas de ira y temor en tu psique, renovación de la esperanza.

AYUDA PRÁCTICA

Resolución pacífica de los problemas en las relaciones personales, sociales y profesionales; ayuda en la creación de un entorno armonioso para fomentar la creatividad y el crecimiento; inspiración y ayuda para enfermeras, médicos, los que trabajan en hospicios, psicólogos, profesores, jueces, funcionarios públicos y todos los que sirven a los demás.

PROBLEMAS MUNDIALES

El fin de la guerra, instauración de la paz,

promoción de la hermandad y de la comprensión, manifestación de la justicia divina en los tribunales y entre las naciones.

Somos tus compañeros,
tus hermanos, tus hermanas,
tus siervos [...].
Se nos envía a realizar un trabajo
para ti. [...]
Tan sólo llámanos
en el nombre de Dios, YO SOY EL QUE YO SOY,
en el nombre de Su Hijo Jesucristo
para que nos ocupemos de tus asuntos.

ARCÁNGEL URIEL

En 1985, unos cosmonautas soviéticos informaron de que, desde la ventana de la estación espacial Salyut 7, habían visto a siete ángeles enormes con alas tan grandes como un avión jumbo. «Sonreían —comentó una de las cosmonautas— como si guardaran dentro de sí un glorioso secreto.»

Esos ángeles nos hacen pensar en el Arcángel Uriel y los ángeles de la paz. Son tan grandes y poderosos que pueden disolver problemas aparentemente insuperables, incluso de ámbito mundial, con la luz de sus bondadosas sonrisas.

El nombre de Uriel no aparece en la Biblia, pero sí se le menciona en otros textos judíos y cristianos. En la tradición judía al Arcángel Uriel se le llama «aquél que trae luz a Israel». También se le conoce como un ángel de juicio, trueno y terremoto. En el cuarto libro de Ezra, Uriel instruye a Ezra sobre los secretos del universo.

Imagínate a Uriel y a los ángeles de la paz cual seres gigantescos, como los que vieron los cosmonautas. Ellos pueden traer paz a zonas conflictivas del mundo, a tu propio hogar e incluso a una mente o espíritu atormentados. Trabajan rápido y con gran poder. Cuando los pones a trabajar, puedes ver tus problemas desaparecer tan velozmente como las nubes después de llover. En cuanto les pides que aborden problemas mundiales, millones de ángeles se ponen en marcha.

En tu casa, familia y psique trabajan con la precisión de microcirujanos. Alivian los desacuerdos y te ayudan a eliminar el origen de las discusiones entre miembros de la familia. Además, te ayudan a ir hasta el fondo de la preocupación que hay en tu alma proporcionándote la fortaleza necesaria para desprenderte de las viejas heridas y vencer rabia, irritabilidad, comportamientos autodestructivos y sentimientos de impotencia, así como miedo consciente o subconsciente. ¡Fíjate en cómo pueden llegar a transformar tu vida en cuanto les abres la puerta!

Fíat

**ARCÁNGEL URIEL, ¡HAZ DE MÍ
UN INSTRUMENTO DE LA PAZ DE DIOS!**

Ejercicio del Arcángel Uriel para desprenderse de algo

Siéntate sin cruzar las piernas con los pies reposando en el suelo. Dirige tu atención al corazón. Coloca una mano encima de la otra sobre él y a continuación suéltalas. Luego pon las manos sobre las rodillas con las palmas hacia arriba. Relájate y respira con suavidad.

Di estas palabras a tu alma y cuerpo: «Paz, aquiétate». Repítelas tantas veces como quieras, en múltiplos de tres, mientras te visualizas rodeado o rodeada de la luz morada, oro y rubí de los ángeles de la paz.

Respira hondo. Al espirar abandona a la luz tus preocupaciones. Observa cómo se disuelven al mero contacto. Luego inspira, y ve cómo la luz se precipita llenando el espacio donde había el pesar del que te has desprendido. Repítelo tres veces.

Recita la oración de San Francisco (pág. 118). Después, di tres veces:

¡Arcángel Uriel y ángeles de la paz,
acepto el don de la paz en mi corazón,
en mi alma, en mi espíritu,
en mi cuerpo, en mi mente!
¡Haced de mí un instrumento
de la paz de Dios!

Ángeles de la alegría

Color: Violeta

Arcángel: Zadquiel, «justicia de Dios»

Hogar espiritual: Cuba

Lo que puedes pedirles:

DONES ESPIRITUALES

Libertad del alma, felicidad, alegría, perdón, justicia, misericordia, disolución de recuerdos dolorosos y de rasgos negativos.

AYUDA PRÁCTICA

Tolerancia; diplomacia; inspiración para científicos, ingenieros, arquitectos, actores y artistas.

PROBLEMAS MUNDIALES

Disolución de recuerdos de lucha entre naciones y grupos étnicos; inspiración para negociaciones creativas y la redacción de leyes, regulaciones, políticas fiscales y económicas y acuerdos comerciales y de paz.

Fíat

¡YO SOY LA LLAMA VIVIENTE DE LA LIBERTAD CÓSMICA!

Los recuerdos negativos pueden ser uno de los aspectos más difíciles de superar. Influyen en el modo en que nos relacionamos con otras personas y en lo que pensamos de nosotros. Pero no tienen por qué estar en nuestra mente consciente y ser un estorbo. Tal vez estén bajo la superficie, pero influyen de forma sutil en nuestras relaciones y en cómo nos planteamos los problemas y las metas.

Zadquiel y los ángeles de la alegría pueden ayudarte en ese asunto de los recuerdos. En la tradición judía, se conoce a Zadquiel como el ángel de la benevolencia, la misericordia y los recuerdos. Él y sus ángeles pueden ayudarte a utilizar la llama violeta, esto es, la llama de Dios que vibra a más alta frecuencia, con el fin de disolver los recuerdos que te impiden desarrollar tu máximo potencial.

La llama violeta aporta a tu alma libertad, alegría y realización al liberarte de tu comportamiento limitativo. Puede ayudarte a superar tu karma y los hábitos que te hacen vulnerable al dolor, al sufrimiento, a accidentes y a todo lo que te hace necesitar la ayuda de los ángeles.

¿Cómo funciona? En el pasado todos nosotros hemos utilizado mal la energía de Dios al bloquearla mediante pensamientos y sentimientos negativos. Esa energía nos abruma y nos impide la unión con Dios. En cuanto invocas la llama violeta con los decretos puedes cambiar la energía negativa por positiva. A este proceso se le llama transmutación. Como ha dicho Zadquiel: «¡Toda esta energía aprisionada debe hallar la libertad por el poder de la llama violeta!». Cada vez que recitas decretos de llama violeta y transmutas energía negativa, quedas liberado para recibir más dones y bendiciones de los ángeles.

La llama violeta también purifica el cuerpo físico del residuo de drogas, pesticidas y otras sustancias químicas que pueden estar perjudicando las funciones de tu cuerpo. Si quieres saber cómo el Arcángel Zadquiel y los ángeles de la alegría pueden llenarte de este sentimiento, prueba con los decretos de llama violeta y las visualizaciones que encontrarás en las págs. 119-122.

> El paso más grande que puedes dar hacia el progreso personal es el uso continuado de la llama violeta transmutadora.
>
> ARCÁNGEL ZADQUIEL

Decretos y oraciones a los ángeles

Lee en voz alta el siguiente preámbulo antes de comenzar cada sesión de oraciones a los ángeles.

Preámbulo:

En el nombre del YO SOY EL QUE YO SOY, llamo a los siete arcángeles y a sus legiones de luz, llamo al amado Arcángel ____________________ y a los ángeles de ____________________________.

Os pido que ______________________________.

Pido que mi llamado sea multiplicado y utilizado para ayudar a todas las almas necesitadas de este planeta.

Doy las gracias y lo acepto hecho ahora con pleno poder de acuerdo a la voluntad de Dios.

Protección de viaje

Visualización:

Visualiza la presencia del Arcángel Miguel frente a ti, detrás de ti, a tu derecha y a tu izquierda, encima y debajo de ti. Imagínate llevando puestos un casco y una armadura de acero azul que impedirán a cualquier peligro físico o espiritual alcanzar tu cuerpo o mente. Sostén esta imagen mental todo el día.

Puedes utilizar esta visualización para ayudar a otras personas. Cuando estés conduciendo de camino al trabajo, visualiza la presencia de este arcángel alrededor de cada auto que se encuentre en alguna autopista y llámale para que proteja a todos los vehículos en cada carretera del mundo y a todas las personas que estén utilizando algún medio de transporte. Así, tu llamado puede aprovecharse al máximo y poner a trabajar a millones de ángeles.

Empieza con ritmo lento y, a medida que vayas aprendiendo el decreto, ve aumentando la velocidad.

¡San Miguel delante, San Miguel detrás,
San Miguel a la derecha, San Miguel a la izquierda,
San Miguel arriba, San Miguel abajo,
San Miguel, San Miguel, dondequiera que voy!

¡YO SOY su Amor protegiendo aquí!
¡YO SOY su Amor protegiendo aquí!
¡YO SOY su Amor protegiendo aquí!

Meditación para obtener iluminación

Visualización:

Visualiza tu cabeza rodeada de la luz dorada de Dios, impregnándola. A continuación, observa cómo los ángeles de la iluminación saturan todo tu cuerpo y la zona que te rodea (hasta tres pies o un metro de diámetro) con esa luz. Siente que con cada respiración recibes creatividad e inspiración. Observa cómo la luz disuelve la oscuridad, la densidad y el desaliento.

Oh llama de Luz brillante y dorada,
Oh llama tan maravillosa de contemplar,
YO SOY el que brilla en toda célula del cerebro,
YO SOY el que todo lo adivina en la Luz de la
Sabiduría.
Fuente de Iluminación que fluye incesantemente,
YO SOY, YO SOY, YO SOY Iluminación.

Oraciones a los ángeles del amor

Visualización:

Coloca las manos sobre el corazón mientras recitas las siguientes oraciones a los ángeles del amor. Al prodigar tu devoción a Dios, visualízate unido a toda vida, unido al océano cósmico de la conciencia de Dios. Cada vez que digas las palabras, ve en tu mente lo que éstas describen. Las oraciones mantendrán el vínculo con el Arcángel Chamuel y los ángeles del amor.

Una rosa que se abre bellamente

Cual rosa que se abre bellamente
y esparce su fragancia por el aire,
así vierto yo mi devoción por Dios,
unido ahora al Océano Cósmico.

El bálsamo de Galaad

Oh Amor de Dios, inmortal Amor,
envuelve todo en tu rayo;
¡envía compasión desde las alturas
para elevar a todos hoy!
¡En la plenitud de tu poder
difunde tus gloriosos rayos
sobre la Tierra y todo lo que en ella hay
donde la vida en sombra aparenta estar!
Que la Luz de Dios resplandezca
para liberar a los hombres del dolor;
¡elévalos y revístelos, oh Dios,
con tu poderoso nombre YO SOY!

Afirmaciones para obtener guía angélica

Visualización:

Cuando hagas estas afirmaciones, visualiza a Gabriel y a los ángeles de la guía vertiendo en tu cuerpo, mente y alma una luz blanca que te infunde confianza, alegría y dirección. Ríndete al plan que Dios tiene para ti y confía en que se te mostrará cómo llevarlo a cabo. Recuerda que siempre que pronuncies las palabras «YO SOY...», estarás diciendo «Dios en mí es...».

YO SOY el diseño Divino, puro y radiante de mi ser.
YO SOY el que trae al mundo
 la plenitud de la misión.
YO SOY uno en el corazón de Dios.
YO SOY el Amor de Dios.
YO SOY el Amor del cielo.
YO SOY el Amor de los ángeles.
YO SOY el Amor de los Arcángeles.
YO SOY el Amor que es real.
YO SOY la realización del gran propósito
 que me llevó a respirar por primera vez.

Afirmaciones para obtener integridad crística

Instrucciones:

Haz estas afirmaciones para tu curación y la de quienquiera que la necesite en cuerpo, mente o espíritu. Comienza con una oración a Rafael y a los ángeles de la curación, mencionando el nombre y la circunstancia de la persona necesitada.

Visualización:

Después de repetir este decreto unas cuantas veces, lo habrás memorizado y lo podrás recitar con los ojos cerrados. Cuando los mantienes así, puedes visualizar mejor la luz blanca y verde envolviendo a la persona enferma y los órganos enfermos o lesionados. Visualiza cómo los ángeles dirigen luz a la zona del cuerpo que precisa curación. Luego imagina el cuerpo entero saturado de una intensa luz blanca y verde que sana cada célula. Visualiza el cuerpo libre de la dolencia.

YO SOY la Perfección de Dios manifestada
en cuerpo, mente y alma;
¡YO SOY la Dirección de Dios fluyendo
para curarme y mantenerme íntegro!

¡Oh átomos, células, electrones
en este cuerpo mío,
que la Perfección misma del cielo
me haga ahora Divino!

Las espirales de la integridad crística
me envuelven con su poder;
YO SOY la Presencia Soberana
que ordena «¡Sé todo Luz!»

Afirmaciones a los ángeles de la paz

Instrucciones:

Haz las afirmaciones cuando te inquiete el resultado de un proyecto en el que estés trabajando o haya disputas en tu familia, comunidad o nación. Confía en que los ángeles de la paz proporcionarán la solución perfecta.

Visualización:

Visualiza la bella energía morada, oro y rubí de Uriel y de los ángeles de la paz rodeando y envolviendo a las personas o la situación que te preocupa. Imagina cómo la energía negativa se disuelve gracias al poder de la paz.

YO SOY la gentil lluvia de la Paz.
YO SOY la manifestación del
    Perfeccionamiento divino.
YO SOY el gran latido del Amor Divino
    desde las alturas.

YO SOY el poder del Amor infinito y
 la Compasión interna.
YO SOY la llama del Amor
 que lo sostendrá todo.
YO SOY la realización del poder del Amor.
YO SOY la exteriorización de la cualidad
 de la Libertad divina.
YO SOY la cualidad de
 la Paz infinita en manifestación.
YO SOY el poder de la Tranquilidad.
YO SOY el poder de grandes
 mareas de Amor y Paz
 terminando con la contaminación
 de la discordia y la desesperanza.
YO SOY la renovación de la esperanza
 en los corazones que no tienen esperanza.
YO SOY comprensión dondequiera que
 haya oídos que escuchen
 y corazones que abrazar.
YO SOY la Libertad de los hombres
 de los grilletes de la guerra.
YO SOY un mensajero de Paz.

La oración de San Francisco de Asís

Instrucciones:

Utilízala en tus meditaciones diarias junto con el ejercicio del arcángel Uriel para desprenderse (págs. 96-97).

Señor,
hazme un instrumento de tu paz.
Donde haya odio, déjame sembrar amor;
donde haya ofensa, perdón;
donde haya duda, fe;
donde haya desesperación, esperanza;
donde haya oscuridad, luz; y
donde haya tristeza, alegría.

Oh Maestro Divino,
concédeme que no busque tanto
ser consolado como consolar;
ser comprendido como comprender;
ser amado como amar.
Porque es al dar que recibimos,
es al perdonar que somos perdonados, y
es al morir que nacemos a la vida eterna.

Afirmaciones a los ángeles de la alegría

Visualización:

La llama violeta abarca desde el lila pálido hasta el amatista brillante. Cuando decretes a Zadquiel y a los ángeles de la alegría, visualiza esta llama como una hoguera gigante que te envuelve. Observa a los ángeles llevándose todas tus cargas, pesares y preocupaciones y echándolas a la llama, donde se transforman en energía positiva.

YO SOY el Espíritu ilimitado de la luz.
YO SOY el conocimiento de la gloria de Dios.
YO SOY el conocimiento del poder de Dios.
YO SOY una mayor medida del conocimiento de la llama violeta, la cual es capaz de transmutar por el poder de Dios toda sustancia sombría convietiéndola en la pureza de la gran luz cósmica.
YO SOY el bendito sentimiento de felicidad de Dios a través de los mismos poros de mi piel, los poros de mi mente y los poros de mi corazón.

YO SOY la libertad de toda limitación.
YO SOY la libertad del miedo.
YO SOY la libertad de la preocupación de la excesiva preocupación.
YO SOY el compromiso de mi alma y todo mi ser en las manos del Dios infinito.
YO SOY la libertad de Dios en manifestación.
YO SOY la felicidad de Dios en manifestación.
Yo acepto mi libertad ahora.

YO SOY la Llama Violeta

Instrucción:

Dirige la energía de la llama violeta hacia todo obstáculo interno y externo que te impida ser feliz y libre en Dios.

Visualización:

Visualiza a Zadquiel y a los ángeles de la alegría dirigiendo la llama violeta a cada célula y átomo de tu ser, y también a la situación por la que estás orando. Imagínate la llama violeta actuando como un borrador gigante en una pizarra, que borra todo el dolor, la desesperación, el sufrimiento y la limitación.

YO SOY la Llama Violeta
  en acción en mí ahora
YO SOY la Llama Violeta
  sólo ante la Luz me inclino
YO SOY la Llama Violeta
  en poderosa Fuerza Cósmica

YO SOY la Luz de Dios
resplandeciendo a toda hora
YO SOY la Llama Violeta
brillando como un sol
YO SOY el poder sagrado de Dios
liberando a cada uno

Elizabeth Clare Prophet: una servidora de la luz

Elizabeth Clare Prophet es pionera de la espiritualidad moderna. Ha escrito varios éxitos editoriales, como *Ángeles caídos y los orígenes del mal*, *Profecías de Saint Germain para el nuevo milenio*, *Los años perdidos de Jesús*, *Enseñanzas perdidas de Jesús*, *Alquimia de Saint Germain*, *El destino del alma*, así como la serie de espiritualidad práctica que contiene los populares títulos *Cómo trabajar con los ángeles*, *Llamas gemelas y almas compañeras* y *Alquimia del corazón*. Sus libros se han traducido a más de veinte idiomas.

Ha conducido seminarios y talleres por todo el mundo y continuó con su trabajo hasta 1999, año en que se retiró. Falleció en octubre de 2009.

Arcángel Miguel, ayúdame

¿Quién es este majestuoso ser llamado Arcángel Miguel? ¿Cómo podemos incorporarlo a nuestra vida?

Los arcángeles constituyen el rango más elevado en las órdenes angélicas, y el Arcángel Miguel es aquél al cual se someten. Conocido como el príncipe de los arcángeles, tiene millones de legiones de ángeles bajo su mando.

Con frecuencia, aparece ataviado con una brillante armadura azul y rodeado por una intensa luz azul y blanca semejante a un relámpago. Aun cuando Miguel manifiesta poder y protección, también aporta curación a nuestro cuerpo y alma. Nos asiste a la hora de vencer los procesos de pensamiento que generan y amplifican la enfermedad, la desintegración y la muerte. Su arte curativo proviene de la suprema ciencia de la voluntad de Dios.

ISBN: 978-84-95513-77-9 160 páginas

Atrae abundancia

Abundancia es amor y sabiduría, talentos y virtudes, dinero y bienes materiales… Todo cuanto necesitamos para llevar a cabo nuestra misión en la vida. Con una sabiduría llana y un realismo espiritual, *Atrae Abundancia* echa una mirada a los aspectos prácticos de la abundancia: mapas del tesoro, principios del feng shui, meditaciones, visualizaciones y afirmaciones.

Explora nuevos modos de vencer los bloqueos ocultos que impiden gozar de prosperidad. Nuevas formas de evocar los poderes trascendentes de tu imaginación. Nuevas maneras de atrapar tus sueños y propulsarlos hacia la realidad.

ISBN: 978-84-95513-61-8 160 páginas

Lanto Espiritualidad

La Luz de Dios nunca falla

Este libro en español se publicó en México de acuerdo al contrato suscrito entre **Lanto Espiritualidad** y **Porcia Ediciones.**

Para pedidos y envíos a domicilio, contactar a la Editora en México:

Lanto Espiritualidad

Av. San Diego 703 Altos
Col. Ampliación Vista Hermosa
C.P. 62290
Cuernavaca, Morelos, México

Tel: (52 777) 228 0645

Fax: (52 777) 316 8175

E-mail: contacto@lantoespiritualidad.com

Website: www.lantoespiritualidad.com

Grupos de estudio TSL oficiales

Aguascalientes, Ags.
Tel: 01 449 9167026
email: contactostsl.ags2011@yahoo.com.mx

Ciudad de México
Tel: (55) 5511 8714
(55) 5208 8384
Website: www.maestrosascendidosmexico.org
email: comunicados@maestrosascendidosmexico.org
email: info@maestrosascendidosmexico.org

Guadalajara, Jal.
Tel: (33) 3641 8940
email: rickpr@live.com

Reynosa, Tam.
Tel: (899) 951 1141
email: ontiverosj@yahoo.com.mx

Torreón Coahuila
Tel. (871) 7-11-05-04
email: robertoquintana13@hotmail.com

Grupos en proceso de registro

León, Guanajuato
Tel: (477) 774 2145
email: fabiola_snchez@yahoo.com.mx

Monterrey, N.L.
Tel: (81) 8351 3071
email: victoryelmorya@yahoo.com.mx

Tlalnepantla, Edo. De México
Tel: (55) 5379 1520
email: Almadelina2009@hotmail.com

Toluca, Edo. México
Tel: 044 722 173 4221
email: cpvbarraza@hotmail.com

Guardianes de la Llama con actividades de expansión

Cuernavaca, Mor.
Tel: (777) 228 0645
Website: www.lantoespiritualidad.com
email: lamorya53@hotmail.com
email: contacto@lantoespiritualidad.com

Chihuahua, Chihuahua
Tel: 01 614 169 1953
email: mcosta@prodigy.net.mx

Hermosillo, Son.
Tel: 66-22-67-12-87
email: marcela.elmorya@gmail.com

Guardianes de la Llama en la República Mexicana

Ciudad de Cadereyta, Nuevo León
Tel: 01 828 2845529
email: n.saldierna@hotmail.com

Cuautla y Oaxtepec, Morelos
email: greg_332003@yahoo.com.mx

Izucar de Matamoros, Puebla
Tel: (222) 43-6-19-53
email: cr500615@hotmail.es

La Paz, Baja California Sur
Tel: 612 12734
email: villaconde@hotmail.com

Mérida, Yucatán
Tel: (222) 43-6-19-53
email: cr500615@hotmail.es

Puerto Vallarta, Jalisco
email: zihuaxochitl@hotmail.com

San Luis Potosí
Tel: 444 1253 53 y 01 444 8121586
email: Leonardo_rre@hotmail.com
email: adrianamtz45@yahoo.com.mx

Tijuana, Baja California
email: migansime@hotmail.com
email: viviendaromano@yahoo.com.mx